4

EL ZOO DE JAIME

Beascoa

CERDO

CONEJO

ANIMALES DE GRANJA

EL CABALLo

GALLINA

EL GATO

BURRO

LA VACA

EL PERRO

EL PATO

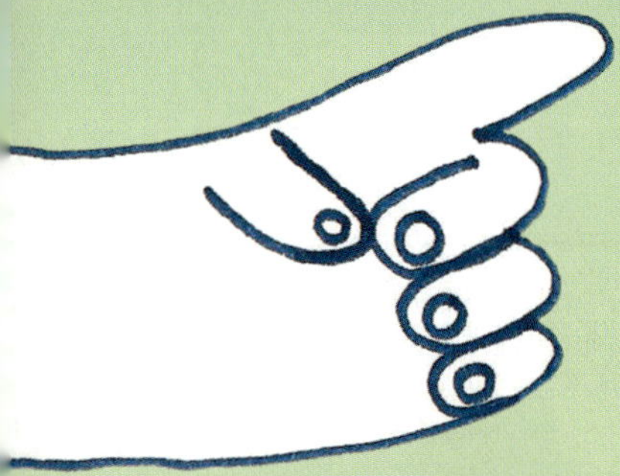

ENCUENTRA:

* Los animales que ponen huevos.
* Un animal que da leche.
* Un animal que hace «miau».

DINOSAURIOS

UN DINOSAURIO

UN DINOSAURIO
UN VELOCIRRAPTOR

UN DINOSAURIO
UN CARNOTAURO

EMA
UN DINOSAURIO

¿QUÉ ANIMAL NO ENCAJA CON LOS DEMÁS?

EL PULPO

CABALLITO DE MAR

ANIMALES MARINOS

DORI

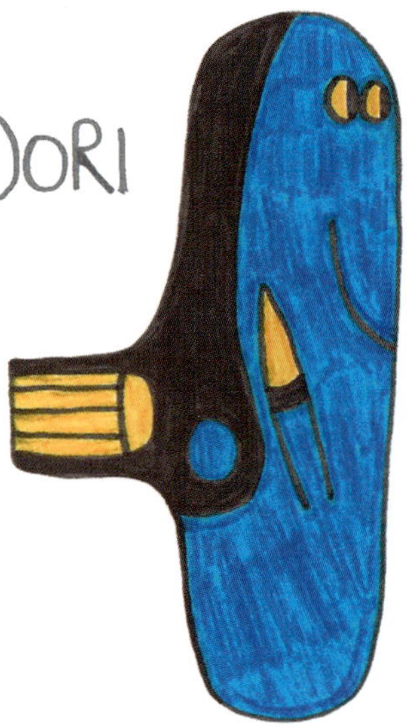

LA ORCA

EL TIBURÓN
MEDUSA
UNA BALLENA
NEMO
EL TIBURÓN MARTILLO

ENCUENTRA:

* Una estrella.
* Dos tiburones.
* Un pulpo.

EL CARPINTERO

EL MARABÚ

AVES DEL MUNDO

AVESTRUZ

ÁGUILA

EL PÁJARO
EL PAVO REAL
PAPAGAYO
EL FLAMENCO
EL BÚHO

ENCUENTRA:

* Un ave que puede correr pero no vuela.
* Tres pájaros amarillos.
* Un ave de color rosa.

RATÓN

ARDILLA

ANIMALES DEL BOSQUE

CIERVO

JABALÍ

UN PÁJARO
LOBO
OSO Y OSITO
ZORRO
LA RANA

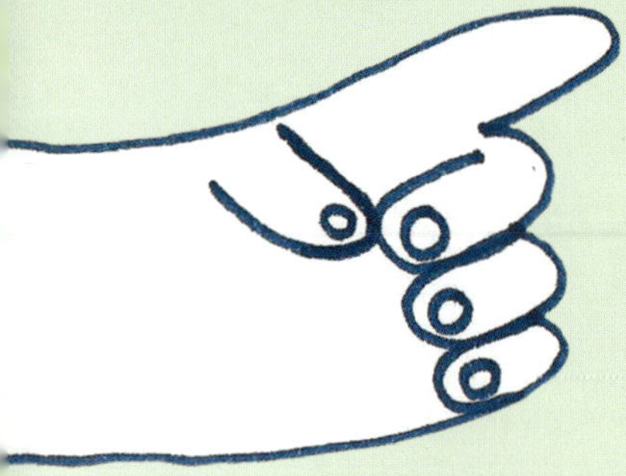

BUSCA:

* ¿Qué animal está encima del zorro?
* ¿Qué animal está debajo del jabalí?
* ¿Cuántos ciervos ves? ¿Y cuántas ardillas ves?

ANIMALES DEL ÁRTICO

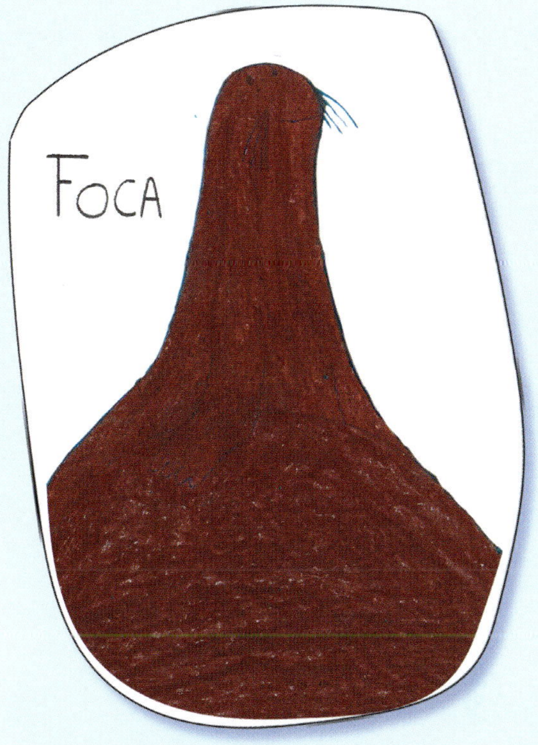
FOCA

MORSA

RENO

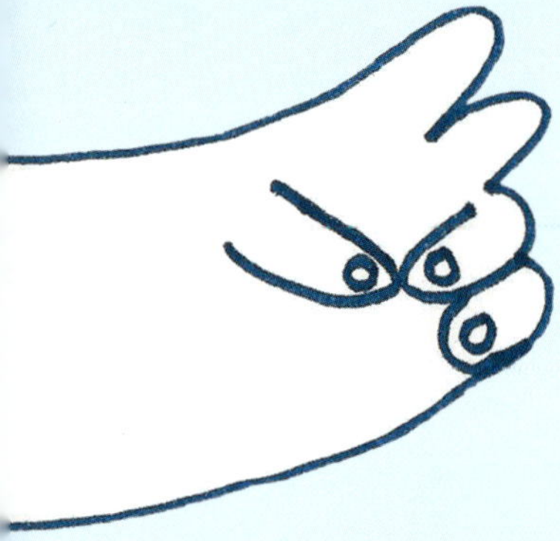

OBSERVA:

* ¿Qué pingüino es diferente a los demás?
* ¿Cuántos están cabeza abajo?

ANIMALES AFRICANOS

EL COCODRILO
ELEFANTE
LEOPARDO
LA JIRAFA
LEÓN

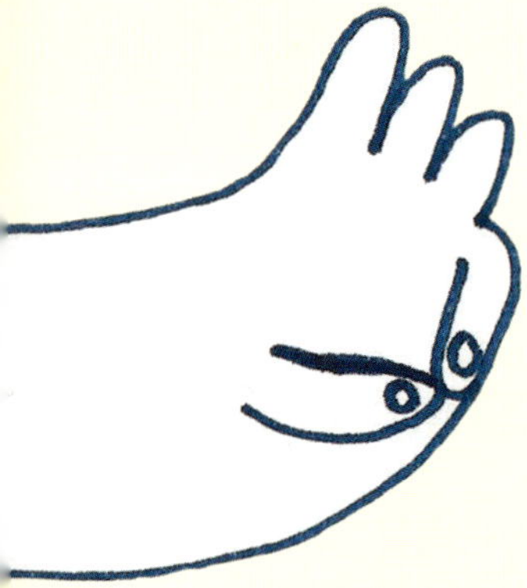

CUENTA Y ENCUENTRA:

* ¿Cuántos leones ves?
* ¿Cuántas jirafas hay?
* ¿Cuántas cebras cuentas?

CUENTA Y ENCUENTRA:

* ¿Cuántos peces rosas ves?
* ¿Cuántos peces azules ves?
* ¿Qué animal es de color blanco?
* ¿Qué animal no encaja con los demás?

ELPEZ
DORI
PEZ RÍO
PEZ GLOBO
ELPEZ
CERDO
DORI
NEMO
NARVAL
TORTUGA MARINA
ELPEZ

CUENTA Y ENCUENTRA:

* ¿Cuántas jirafas ves?
* ¿Cuántos elefantes ves?
* ¿Encuentras al rinoceronte?
* ¿Qué animal no encaja con los demás?

CUENTA Y ENCUENTRA:

* ¿Qué animal está encima de la cebra?
* ¿Qué animal está debajo del canguro?
* ¿Qué animal está a la izquierda del cocodrilo?
* ¿Cuántos osos ves?

SOLUCIONES

* Hay seis gallinas que ponen huevos.
* La vaca da leche.
* El gato hace «miau».

* El pez no encaja con los demás animales.

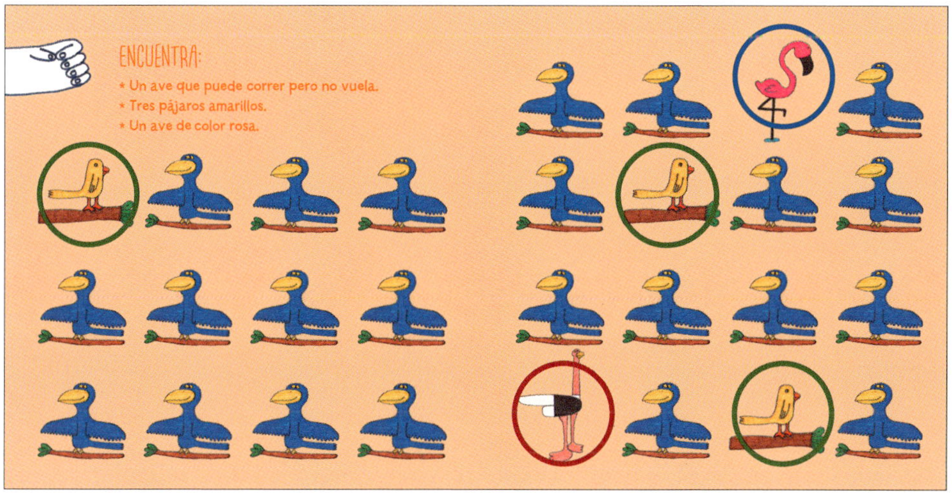

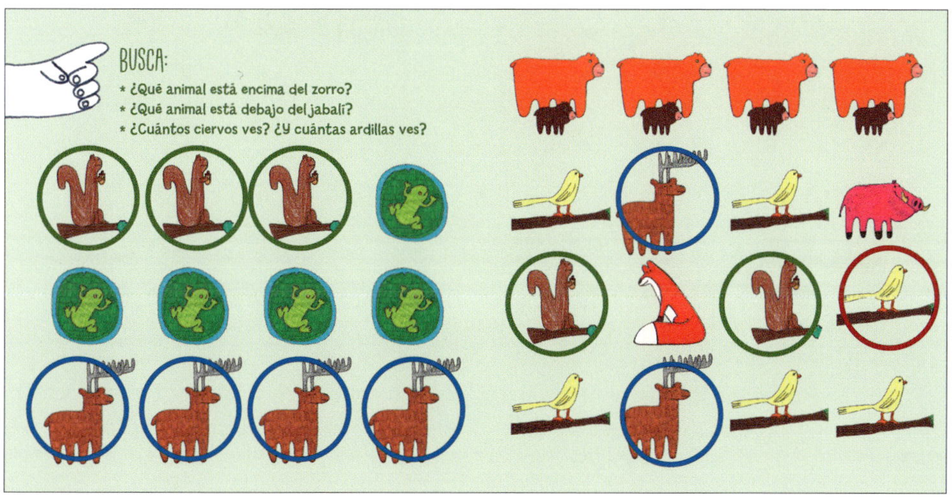

* El ciervo está encima del zorro.
* El pájaro está debajo del jabalí.
* Hay seis ciervos y cinco ardillas.

SOLUCIONES

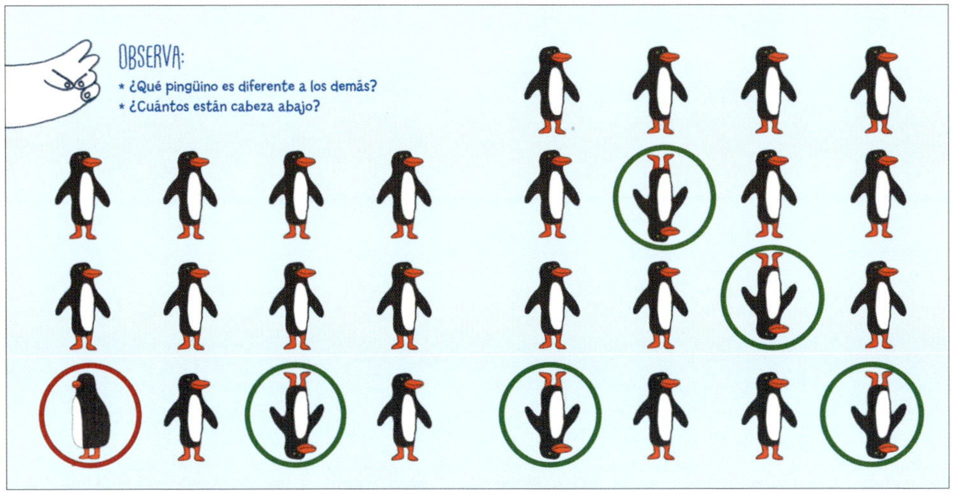

* El primero de la tercera fila de la primera página.
* Hay tres pingüinos boca abajo.

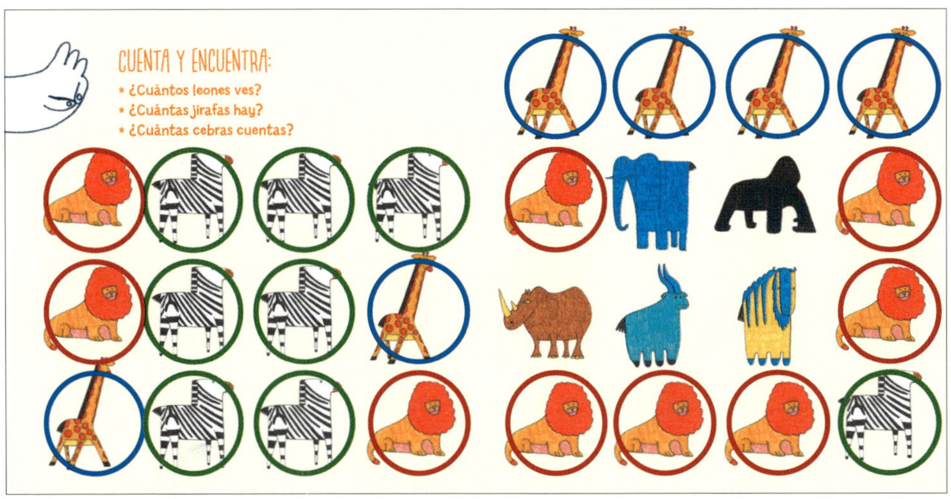

* Hay nueve leones.
* Hay seis jirafas.
* Hay ocho cebras.

* Hay tres peces rosas.
* Hay dos peces azules.
* El narval es de color blanco.
* El cerdo no encaja con los demás.

* Hay cinco jirafas.
* Hay un elefante.
* El tiburón no encaja con los demás.

* La serpiente está encima de la cebra.
* El guepardo está debajo del canguro.
* La cebra está a la izquierda del cocodrilo.
* Hay tres osos.

Papel certificado por el Forest Stewardship Council®

MIXTO
Papel procedente de fuentes responsables
FSC® C117695

Primera edición: noviembre de 2018

Diseño y maquetación: Magela Ronda

Printed in Spain – Impreso en España

ISBN: 978-84-488-5202-3
Depósito legal: B-18592-2018

Impreso en Talleres Gráficos Soler, S.A.
Esplugues de Llobregat (Barcelona)

BE 5 2 0 2 3

Penguin Random House Grupo Editorial

4